En la escuela

Mari Robles

Blend Images/SuperStock

Yo veo el  .

autobús

(t)Lisette Le Bon/Purestock/SuperStock, (b)Natalia Vasquez

Yo veo tu  .

tarea

(t)Dave King/Dorling Kindersley/Getty Images, (b)Geoffrey P. Smith

Yo veo la  .

planta

(t)Hannamariah/Shutterstock.com, (b)Geoffrey P. Smith

Yo veo el  .

tablero

Yo veo el  .

tambor

(t)Ryan McVay/Photodisc/Getty Images, (b)Natalia Vasquez

(t)William Whitehurst/Corbis/ Getty Images, (b)Geoffrey P. Smith

Yo veo el  .

telón

¡Yo te veo a ti!

Rubberball/Mike Kemp/Getty Images